दिल दस्तावेज़

नवदीप सिंह

दर्द से उम्मीद तक के सफर में सभी हमसफरों के नाम

कुदरत के नाम हसरतों के नाम

फ़लसफ़ों के नाम

क्रम-सूची

क्रम-सूची

भूमिका

ख्यालों की आवारगी को किसी भी जुबां के अदब के कुन्बे की रिवायतों को मद्देनज़र रखते इक जिम्मेवारी निभाते हुए हर्फ़ों से ब्याह देना ही , मेरी नज़र में , शायरी की शुरुआत है। या यूँ कहा जाए की जज़्बातों के चश्मे से जो पानी निकलता है उससे हर्फ़ों के किनारे मिल जाएँ और वो दरिया बन अपनी मंज़िल की तलाश किये बिना गामज़न रहे, उसे शायरी कहा जा सकता है। यही दरिया जब अलग अलग मुकामों से होता हुआ अपना रूप बदलता है जिसे कहीं गीत, कहीं ग़ज़ल, कहीं नज़्म के नाम से पुकारा जाता है। किसी भी शायर के दिल के ख्वाब, ख्याल, जज़्बात, तज़र्बात और ज़हन की तरबियत शायरी का मियार मुकर्रर करती है।

मेरे दिल में लाखों ख्याल तूफानों की तरह उमड़ते थे, हैं और रहेंगे शायद। कुछ सवाल , कुछ अधूरे ख्वाब, कुछ अनकही-अनसुनी फरियादें, कुछ बिसरी हुई यादें, कुछ मीठे कड़वे एहसास, चश्मे की तरह फूटे जिन्हें मैंने कोशिश की लफ्ज़ देने की, आवाज़ देने की। इसे अमली जामा पहनाते एक महबूब का तस्सव्वुर बना जिसका मेरी ग़ज़लों में, गीतों में अक्स नज़र आता है। मैं अमूमन इससे शायरी नहीं, गुफ्तगू की तरह पढ़ता हूँ। खुदा की ईनायत हुई के वो महबूब एक दिन असल हो सामने आ खड़ा हुआ। एहसास कुछ और गहरे हुए, मुझे और हिम्मत मिली, कुछ और काफिये जुड़े।

जब तू करीब होता है
वो समां भी अजीब होता है।
तस्सव्वुर के बवंडर उठते हैं

भूमिका

दिल हर्फ़- ऐ- अदीब पिरोता है।

शायरी, मेरे जानिब, महज़ एहसास नहीं बल्कि खसूसी तौर पर उस ख़ास एहसास की तर्जुमानी करता सही लफ्ज़, कागज़ की छाती पे रसीद करना भी है। जो किसी भी शायर की ज़ुबां पर पकड़ और अदब से शनासाई पर मुक्कम्मल होता है। इस हवाले से मेरी मादरी ज़ुबां पंजाबी, कौमी भाषा हिंदी, तालीम अंग्रेजी में, और उर्दू दिल के करीब रही। अगर इन ज़ुबानों के अदब की मेरी समझ की बात करूँ तो मैं अभी अदना हूँ भी और समझता भी हूँ और लिखना तो सूरज को दिया दिखाने के बराबर है। फिर भी मैंने हिमाकत की है कि आप की नज़र चंद अशार करूँ। एक कदम चलूँ। शायद कहीं पहुँच सकूं।

नवदीप सिंह

असिस्टेंट प्रोफेसर

अंग्रेजी विभाग

पटेल मेमोरियल नेशनल कॉलेज

राजपुरा (पंजाब)

ग़ज़ल

न सुकूँ है न मर रहे हैं हम

लगता है कूचा - ऐ- जानां से गुज़र रहे हैं हम।

ये ना-उम्मीदगी की इक बदरंग शाम है

और हसरत- ऐ- दीदार कर रहे हैं हम।

झलक उसकी से यूं रोशन हुई बिनाईयाँ

मुद्दत से इसी लम्हे का तो इन्तिज़ार कर रहे हैं हम।

देख कर हम को वो नाराज़ हुए इस कदर

जो लम्हा -ऐ- फुर्सत ख़ुआर कर रहे हैं हम।

कहते हैं मज़ाक का फ़न खूब जानते हो जनाब

यहां शिद्दत से मुहब्बत का इज़हार कर रहे हैं हम।

नज़्म

तड़पाती भी हो

तड़पने देती नहीं।

ख़ंज़र चलाती भी हो

मरने देती नहीं।

ढूंढ़ती हैं निगाहें तेरी

नक्श- ऐ- पाँव मेरी

जैसे शाम इक नहाई सी

पिया संग ब्याही सी

चूमती तो हो

छूने देती नहीं।

वो मेरे जज़्बात

मेरे दिल की बात

समंदर में दबे ख़ज़ाने

लहरों से लिपटे फ़साने

सुनने आती हो

और कहने देती नहीं।

वह बांसुरी की फूँक में, सोज़ में

तेरी मासूम आँखों की मौज में

भीगे भीगे हवास मेरे

डूबे डूबे एहसास तेरे

पार लगाती नहीं

सम्भलने देती नहीं।

चांदनी का पहला पहला महताब

अल्हड़ उम्र का नाज़ुक सा ख्वाब

बसंत की पहली पहली कली

उम्मीद जो मुफलिसी में पली

चटकती हो नहीं

पलने देती नहीं।

रात में चीखते सन्नाटे

सांसों का शोर आते जाते

दिलो दिमाग की ये जंग

ये धड़कनों में उलझी उलझी तरंग

छेड़ती हो नहीं

थमने देती नहीं।

हम-सफ़र, हम-नवा, हम-राज़ होना चाहती है

वो मेरे गीतों के सफर में साज़ होना चाहती है

बेख़ुदी या होश में

लेकर मुझे आगोश में

छोड़ती हो नहीं

चलने देती नहीं।

बेरुख़ी

क्यों इतनी बेरुख़ी दिखाती हो

बात किये बिना ही सो जाती हो।

रात भर सुलग़ते हैं

सपने भी, अरमान भी

तुम सुबह फिर

फ़ज़र की अज़ान हो आती हो।

दिल की आरज़ुएँ सब

लाश नुमा पथराई सी

ये तुम पलटकर देखती हो

जान, तुम मेरी जान हो जाती हो।

न कभी इबादत की

न कभी सज़दे किये मैंने

मेरे इश्क़ की लओ में ऐ सितमग़र

तुम मेरे खुदा की शान हो जाती हो।

यूं इतराती हो दिनभर

ज्यूं भँवरे गुलों के गिर्द

दिन ढले दिल चाहे छुअन तेरी

न जाने क्यों तुम सुन्न हो जाती हो।

तुम क्यों इतनी बेरुखी दिखाती हो

बात किये बिना सो जाती हो.

परी

वह जो नानी की कहानियों की परी थी

आज सर- ऐ- राह वो मुझ को मिली थी।

वो सफ़ेद लिबास में

मैं होशो - हवास में

वो इतर में नहाई सी

अपनी थी के परायी थी

जिसे देख सांस मेरी थमी थी

आज सर- ऐ- राह वो मुझ को मिली थी।

सादगी की मिसाल सी

आशिक़ों के विसाल सी

गुलों के शोख रुख़्सार सी

मश्ताक़ सी बेज़ार सी

तप्ती रेत पर दो बूँद नमी थी

आज सर- ऐ- राह वो मुझ को मिली थी।

यूं लगा जानती है वो

भीड़ में मुझे पहचानती है वो

जो देखा उसने ग़ौर से

मुतासिर हुआ मैं अंदर के शोर से

क्यों लगा मुझे के बस इक तेरी कमी थी

आज सर- ऐ- राह वो मुझ को मिली थी।

बात की और की भी नहीं

डर गयी और सहमी भी नहीं

आवाज़ दे पुकारा मुझे

फिर नज़र बदल दुद्कारा मुझे

इस गुफ़्तगू में बेचैनियां रमी थी

आज सर- ऐ- राह वो मुझ को मिली थी।

रात को आज मैं जगाऊँगा

गीत मेरे गुनगुनाऊँगा

खबर नहीं फिर मिल पाऊँगा

जी जाऊंगा के मर जाऊँगा

दहक उठी चिंगारी जिस पे राख़ जमी थी

आज सर- ऐ- राह वो मुझ को मिली थी।

तू न बने

ये हवा को किसने दिया हक़

के वो मुझे छुए तेरी तरह

इसे कहो के औकात में रहे

सांस है तो सांस रहे

तू न बने।

रु- ब- रु

आओ तुम्हें तुम से रु- ब- रु कराते हैं

तुम्हें कोई मेरी ग़ज़ल सुनाते हैं।

बाग़ में बच्चे जैसे तितलियाँ उड़ाते हैं

हम तुम्हारा हँसना बताते हैं।

वो ख्वाब जो बन जाते हैं बिखर जाते हैं

बाल जैसे उलझ जाते हैं संवर जाते हैं।

आँखों के नज़दीक चमकती बिंदिया

सूरज जैसे समंदर छूने आते हैं।

रुख्सार पर ये सिमटी हुई शोखियाँ

शाम के आफ़ताब ज्यों लाली लुटा के जाते हैं।

लबों पे रुके रुके से लफ्ज़ जैसे

बिन कहे हर बात कह जाते हैं।

तेरी पायल की खनक सुनने के बाद

न जाने कितने साज़ चैन से सो जाते हैं।

ये तुम किस अदा से गुज़रते हो पास से

मत पूछो जान, हम तो मर ही जाते हैं।

सब्ज़ नहीं सुर्ख

सब्ज़ नहीं सुर्ख दिखता है वो

जिस पेड़ पर धागे बंधे हैं

दम घुट गया उसका मन्नतों के बोझ से

बेजान है वो कितना कितने रोज़ से

आता तो है हर कोई

पूछता नहीं खैर अब कोई

सांस की उम्मीद बनती है जो किसी छोर से

धागा खिंच जाता है दूसरी और से

परिंदे भी राह गुज़र करते नहीं

राही भी छाओं में टिकते नहीं

कितना तन्हा है पीर-औ-मुरशद के मेले में

देखे तो सही कोई ग़ौर से।

झूठा

शायर कह कर मुझे झूठा बताती हो

फिर ग़ज़ल सुनने छत पे क्यों आती हो?

जो राब्ता नहीं रखना हमसे कह तो देती हो

फिर आवाज़ दे के पीछे से क्यों बुलाती हो?

बेरुखी बेरहमी की हद तक जो दिखाती हो

फिर बेक़रार आँखों से प्यार क्यों जताती हो?

पर्दानशीं

जड़ों में करने को वार बैठे हैं

इस ताक़ में मेरे कुछ यार बैठे हैं।

उस इक पर्दानशीं की दीद की है आरज़ू

बेपर्दा तो महफ़िल में हज़ार बैठे हैं।

वो भी नहीं आते मिलने कर के दरिया पार

हम भी ज़िद्द के मारे इस पार बैठे हैं।

ख़्वाब

एहसास के बाग़ानों से कलियाँ चुनते हैं

चलो मिल के इक ख़्वाब बुनते हैं।

ये लफ्ज़ो के शोर गुल से परे मिलते हैं

जहाँ आँखे कहती हैं दिल सुनते हैं।

इश्क़, वफ़ा, हम-नवायी के तिनके रखते हैं

परिंदों सी शिद्दत से आशियाना बुनते हैं।

चांदनी रात में नदिया के किनारे मिलते हैं

मेरे कंधे पे सर रख चल तारे गिनते हैं।

मंज़िलों की फ़िक्र को दर-किनार करते हैं

इक दूजे के रास्ते के कंकर चुनते हैं।

बिगड़ी ये आदत

बिगड़ी ये आदत आप की जाती नहीं

हम न करें याद

तो आपको भी आती नहीं।

ग़रूर है की हया है

जो भी है तुम जानो

हमें ये अदा लुभाती नहीं।

ये भी क्या के वक़्त नहीं

इक पैग़ाम लिखने का

ख़ैर ख़बर भी अब तो आती नहीं।

यूं ही राह चलते

पूछ लेते हो हाल मेरा

अब कसर तो कोई रह जाती नहीं।

एक भी रास्ता बचा नहीं

मरने का नवदीप

ये धरती मुझे क्यों निगल जाती नहीं?

करीब

जब तू करीब होता है

वो समां भी अजीब होता है।

तस्सव्वुर के बवंडर उठते हैं

दिल हर्फ़- ऐ- अदीब पिरोता है।

हज़ार आफताब जलते हैं

तो इक चिराग होता है।

खुदा डरता है

जो फ़कीर रोता है।

बहाने बहाने से

हमारी ज़िन्दगी लगी है दांव पर

वो घर से निकलने से डरते हैं।

बहाने बहाने से करते हैं बात

फिर बातें बनने से डरते हैं।

दिल कहता है मुहब्बत कर दिल खोल कर

अजी वो इसी बात से तो डरते हैं।

मैं रोज़ भेजता हूँ ख़त उनके नाम

ख़बर नहीं फेंकते हैं के पढ़ते हैं।

तितलियों के रंग

तितलियों के रंग चुरा कर

लिबास तेरा बनाऊँगा।

फ़लक़ से आफ़ताब छीन कर

दुपट्टा तेरा रंगवाऊँगा।

फ़िज़ा की अदाओं को भी हो रश्क़

ऐसे बूंदे तेरे कढ़वाऊँगा।

ग़ज़ल भी सुने ख़नक जिसकी

वो पायल तुझे पहनाऊँगा ।

होती है तो हो जाएँ घटाएं पानी पानी

मैं न ज़ुल्फ़ तेरे चेहरे से हटाऊँगा।

महताब की क्या औकात है, मेरी जान

मैं कायनात नाम तेरे कर जाऊँगा

तितलियों के रंग चुरा कर

लिबास तेरा बनाऊँगा

वक़ालत- ऐ- इश्क़

मरने के बाद भी मैं

खूब जिया करता हूँ।

तेरे जाने के घंटों बाद भी

तुझ से बातें किया करता हूँ।

कर ली मह से तौबा कब की मैंने

अब तो तेरी आँखों से पिया करता हूँ।

कुछ उधड़े उधड़े से हैं ख़्वाब मेरे

जो तेरी खुशबु से सिया करता हूँ।

वहशत थी मुहब्बत मेरे जानिब

अब वक़ालत- ऐ- इश्क़ किया करता हूँ।

तुम घर में भी महफ़ूज़ नहीं होती

मैं आँधियों में रोशन चिराग किया करता हूँ।

❧❦❧

क्यों नहीं?

ज़ुबाँ इक तो जज़्बात इक क्यों नहीं?

तू साथ हो के भी साथ क्यों नहीं?

भीगी मिट्टी सी महक उठें रूहें अपनी

बरसती ऐसी बरसात क्यों नहीं?

मेरे दरो - दीवार भी करें ज़िकर तेरा

शहर- ऐ- यार में चलती मेरी बात क्यों नहीं?

मैंने इबादत से किया जो ख़ुदा तुझे

तो मैं तेरी कायनात क्यों नहीं?

कुछ तो बात

कुछ तो बात हम में होती

जो हम भी किसी को अच्छे लगते।

कोई तो हुनर हम में होता

जो हम भी किसी को अच्छे लगते।

हमारे भी चंद यार होते

शाम को छत पे लगते टहके होते।

कोई तो शराब तेरी आँखों सी होती

बिन पिये हम बहके बहके होते।

तेरी सांसो सा होता कोई इत्र

छू के जिसको हम महके महके होते।

तेरी जुबां सी होती रवानी हमारी

हम भी दरिया से बहते बहते होते।

चुप हो जाते हैं

तुम्हे मेरी बातों का यकीं दिलाते हैं

कुछ नहीं कहते, चुप हो जाते हैं।

बातों में तेरी शुगल है के एहसास है

हम ने कहा के चलो आज़माते हैं?

तुम हो के ख्याल में भी हकीकत ढूंढते हो

मुझे ख़्वाब में भी तेरे ख़्वाब आते हैं।

तुम्हे शौक संगेमरमर की मीनारों का

हम शज़र पर तिनकों से आशियाना बनाते हैं।

तुम धूप से महफ़ूज़ रहने में मशरूफ़

हम आफ़ताब से आँखें मिलाते हैं।

तुम्हे मेरी बातों का यकीं दिलाते हैं

कुछ नहीं कहते, चुप हो जाते हैं।

❧❧❧

ये क्या के

ये क्या के तुम रो दिए

हम तो ख़ाक हो गए।

आंसू जो आँख से निकले

देखते देखते सैलाब हो गए।

बह गया घर भी, मुकद्दर भी

हम शहंशाह पल में खाकसार हो गए।

तुम्हे सम्भालूं तो सम्भालूं कैसे

हम तो खुद बेसुध बेहाल हो गए।

हम जो आसमान को बताएं औकात उसकी

आज खुद की नज़रों में गुनहगार हो गए।

जिस आग से बचाते रहे हम जंगल को

मेरे घर के लोग उसी का शिकार हो गए।

क्या सितम है?

चाँद चेहरा, आँखों में उदासी

क्या सितम है?

लबों पे तबस्सुम, दिल में बदहवासी

क्या सितम है?

सामने बैठे हैं, कितनी दूरी है

क्या सितम है?

संगे मर मर का बदन, स्याहपोश

क्या सितम है?

उफ़ ये अदा, हम बेहोश

क्या सितम है?

एक राज़

एक राज़ में कितने राज़

एक लफ्ज़ और इतने साज़

एक गुफ्तुगू भी बेआवाज़

टूटे पंख ऊँची परवाज़

हवा भी चली बेलिहाज

तबियत भी अपनी कुछ न- साज़

अरमान हो चले उम्रदराज़

ज़िन्दगी के भी अपने नखरे अपने नाज़

कुछ हम भी ठहरे बदमिजाज़

खुदा ही है असली जालसाज़

खुद के हम खुद गमशानाज़

एक राज़ में कितने राज़।

कर के जाना

जान निकलती होगी कैसे

मैंने इश्क़ कर के जाना

इबादत का सलीका होता है क्या

मैंने तुझे ख़ुदा कर के जाना

बेख़्वाबी का आलम होता है कैसा

मैंने तुझे आँखों में बसा कर के जाना

दोज़क की तपिश जलाती है कैसे

तेरी फ़ुरक़त में तड़प कर के जाना।

क्यों नहीं आती

खुशबू तेरी हर शाम

मेरे साथ घर चली आती है

हर शह मानो महक सी जाती है

मां का सवाल भी ला- जवाब कर जाता है

जो पूछती है

के वो खुद क्यों नहीं आती जो आना चाहती है।

मेरे आईनों में निगाहें तेरी

मेरे सिरहाने खवाब तेरे

कलम मेरी तस्सव्वुर तेरा

किताब मेरी गुलाब तेरा

आने बहाने पूछते हैं

के वो खुद क्यों नहीं आती जो आना चाहती है।

वो गाँव की पगडंडी पे मेरी तन्हाई

चांदनी रात, झील में मेरी परछाई

बदन सहलाती ठंडी हवा

फुर्सत में उलझा हुआ

मैं भी सोचता हूँ

के वो खुद क्यों नहीं आती जो आना चाहती है।

ये फ़क़त इक ख्याल नहीं है

सीधा सा कोई सवाल नहीं है

कुछ रोज़ से नज़रें चुरा रहा हूँ मैं

जवाब से कुछ घबरा रहा हूँ मैं

कहीं तुम कह न दो

के वो क्यों नहीं आती जो आना चाहती है।

साथ तो चलोगे न?

वसल में असल की बात कर रहे हो

तुम साथ तो चलोगे न?

मैं छेड़ के बैठा हूँ दिल की बात

तुम ज़माना समझा रहे हो

तुम साथ तो चलोगे न?

मैं झील में उतर के मर जाना चाहता हूँ

के तुम हमें तैरना सीखा रहे हो

तुम साथ तो चलोगे न?

हर किसी के नसीब में नहीं इज़हार- ऐ- मुहब्बत

हम हिम्मत जुटा रहे हैं तुम आँखें चुरा रहे हो

तुम साथ तो चलोगे न?

मैं करूँ सुखन में चर्चा तेरा

तुम स्याही छुपा रहे हो

तुम साथ तो चलोगे न?

हल्के जज़्बात

जज़्बात मेरे क्या इतने हल्के हो गए

हम बात करते रहे और तुम सो गए।

कितने ही ख्याल अधूरे रह गए तेरे सिरहाने

कितने अलफ़ाज़ जो तेरे शबिस्तां में खो गए।

इक उम्मीद में तेरे चेहरे को ताक़ते ताक़ते

तेरे होश में आने तक हम पत्थर के हो गए।

मसले

आओ तुम्हारे सब शिकवे मिटाते हैं

तुम्हें इस अँधेरे कमरे में ले जाते हैं।

'गर हो अँधेरा तो दिया जलना है मुमकिन

सूरज ढूंढ़ने नहीं निकल जाते हैं।

माँएं तो रहती हैं ता- उम्र आशना

न-जाने बच्चे क्यों बदल जाते हैं।

कोई बताये कहें के न कहें उन्हें भूला

सुबह के भूले जो शाम को घर नहीं आते हैं।

रिज़क रूठ गया है क्यों उनसे ऐ खुदा

जो लोगों को रिज़क कामना सिखाते हैं।

मेरी बैसाखियों पे चलने वाले चोर

देखो मुझे लंगड़ा बताते हैं।

कांटे तो हैं नाम के बदनाम

हाथ तो फूलों से भी छिल जाते हैं।

तुम्हें यकीन हो या न हो लेकिन

ये मसले मुझे अंदर से खाते हैं।

फिरकापरस्ती में क्यों उलझें नवदीप

आखिर में तो सब मर जाते हैं।

वो भी क्या समाँ था !

कू- ऐ- जुस्तजू में अपना भी इक मकाँ था

हमे भी इश्क़ था

वो भी क्या समाँ था !

हम भी थे रूह- ऐ- रवाँ महफिलों की

अपना भी तसव्वुर था

अपना भी अंदाज़- ऐ- बयाँ था

रातें चाँद से गुफ्तगू में कटती थी

चांदनी हो या अँधेरा

हर सितारा हम से आशना था।

जो कश्ती तूफ़ान में भी रही मौजों पर सवार

साहिल- ऐ- हक़ीक़त पे आ के जाना

आ गए कहाँ न- खुदा जाना कहाँ था!

❧❦❧❦

पैग़ाम

अपने नाम इक पैग़ाम लिखते हैं

तेरे उन्वान से इक कलाम लिखते हैं।

तेरी साँसों से उठती हैं मेरी खुशबुएं

अभी चंद लम्हे पहले ही हम लिपटे हैं।

जब से छू गए तुम इन्हें

मेरे लफ्ज़ न अब कहीं बिकते हैं।

नदिया बन के बह रही हो तुम जिन में

हम किनारे क्यों नहीं किसी को दिखते हैं।

तेरे दिलो - दिमाग पर चढ़ा है रंग जो

मालूम है हम कैसे घिसते हैं?

लाख मना लूँ पर दिल नहीं मानता

की इक दिन तुम कह जाओगे, अच्छा हम चलते हैं।

मुहब्बत में

अलविदा दोस्त कह के जब उसने अपना रस्ता मोड़ लिया

मैंने मुहब्बत में मुहब्बत के लिए मुहब्बत को छोड़ दिया।

तेरी ठोकर से दिल पे जो दरारें पड़ी

मैंने खुद उन्हें मुक्कमल खोल दिया।

कुछ खुशियां दे रही थी दरवाज़े पे दस्तक

मैंने उन्हें फिर लौट के ना आने का बोल दिया।

मौत की दुआ

कोई तो मुझे अपने सीने से लगा ले

कोई तो मुझे मेरी मौत की दुआ दे।

थक गया हूँ अब मैं झूठे चेहरे दिखाते दिखाते

रो देता हूँ अब जो कोई सामने से मुस्कुरा दे।

इतनी उम्मीद भरी नज़रों से न देख मुझे

मैं नहीं वो जो ख़ुशी का पता दे।

अब खुद भी खुद की खुदी ढूंढ नहीं पा रहा हूँ

वरना मैं था जो इश्क़ कर के किसी को कर खुदा दे।

दिल दस्तावेज़

दिल दस्तावेज़ सा संभाला हमने

इश्क़ को देर तक टाला हम ने।

यूं ही नहीं हुए गीत मुक्कम्मल और मक़बूल

दर्द को बच्चे सा पाला हम ने।

ता- उम्र भूख रही विसाल- ऐ- यार की मगर

हिजर को ही कर लिया निवाला हम ने।

न- जाने किन को मिलता है साथ किस्मत का

यहाँ हर सिक्का शिद्द्दत से उछाला हम ने।

अंधेरों से हो गयी दोस्ती इस कदर

खुद ही बुझा दिया हर उजाला हम ने।

मलाल तो बहुत हैं तुम पर भी, ज़माने पर भी

आखिर खुद को ही मार डाला हम ने।

क़शमक़श

तेरी क़शमक़श तुझे आने नहीं देती

मेरी उम्मीद मेरी कैद बन रही है

तेरी दोस्ती की एवज़ में

मेरा इश्क़ क़तरा क़तरा खर्च हो रहा है

तू परख रहा है मुझे

मैं जी रहा हूँ तुझे

तेरी हिचकिचाहट मेरी धड़कन रोक देती है

मेरा इंतज़ार मुझे मरने नहीं देता

तू होश से खेल रहा है शायद और

मुझे मलाल भी नहीं ख़ुद को हार जाने का

तू यकीनन तलाश रहा है किसी और को

पर मेरी ज़िन्दगी तुझ को मंज़िल मुकर्रर कर के बैठी है

बात यह नहीं के तू जानता नहीं है

दर्द तो यह है के तू महसूस नहीं कर रहा

मैं जानता हूँ के मुहब्बत सस्ती नहीं पर

इतनी महंगी भी नहीं के न- उम्मीद कर दे।

न जाने मैं

जब तुम कहीं हम से दूर

किसी बेगाने शहर में

इतवार की सुबह

चाय की प्याली के साथ

अकेली खिड़की पे बैठी

बर्फ के अम्बार से गुज़रते

लोगों को देखती

अपनी प्याली को सहलाती

किसी से बात करने को बेताब

आँखों की टिकटिकी लगाए

कहीं ख़्यालों में गुम होगी

न जाने मैं तुम्हे याद आऊंगा के नहीं

काम से जब तुम घर आओगी

शाम के खाने की त्यारी में मशरूफ

फ़ोन पे बात करती

बालों को संवारती

बर्तन संभालती

दराजों को खोलती बंद करती

चाय की चुस्की लेती

किसी को मदद के लिए बुलाती

किसी को दूर भगाती

फ्रिज से समान निकलते

जब खाना हिलाते गुनगुनाओगी

न जाने मैं तुम्हे याद आऊंगा के नहीं

किताब के पन्ने पलटते

लफ़्ज़ों की रमज़ को समझते

कागज़ों में खुद को तलाशते

पेन्सिल से यूं ही लकीरें खींचते

ख़्वाबों में उलझी सी

मेज़ पर सर रख

किसी का नाम लिखते

किसी का नाम मिटाते

पेन्सिल को उँगलियों में हिलाते

जब कुछ लिख न पाओगी

न जाने मैं तुम्हे याद आऊंगा के नहीं

जब बालों में कुछ सफेदी होगी

चेहरे पर समझदारी की सिलवटें दिखेंगी

लोग मशवरा लेंगे तुमसे

तुम मेरे फ़लसफ़े ब्याँ करोगी

लोग तुम्हरी मिसाल देंगे

अपने बच्चों को समझाया करोगी

घर में तवज्जो की खातिर

बात बात पे बिफरा करोगी

पुरानी तसवीरें देखा करोगी

ज़िन्दगी किसी फिल्म की तरह

लम्हा दर लम्हा सामने से गुज़रेगी

न जाने मैं तुम्हे याद आऊंगा के नहीं।

सब से जुदा

वो गुलाबी पाँव के

मख़मली बोसे

हिना की खुशबू से

महकती हथेलियां

जबीं पे सूरज सी

चमकती बिंदिया

सहर की रंगत सी

लबों की सुख़ीं

फूलों सी नाज़ुक

आंखों में हया

वो नदिया का पानी

तेरी रवानी

वो आब्शारों का गीत

तेरी पायल का खनकना

बच्चों सा चंचल

ज़ुल्फ़ों का मचलना

अल्हड़ उम्र सा

खुल के हँसना

हदों को समझना

चुपके से रोना

बादलों का बिछोना

सपने संजोना

तुझे सब से जुदा करता है।

चाँद

लौट गया घर मायूस हो के

चाँद जो तुझे देखने आया था।

तिशनगी, मुहब्बत, आरज़ू, जुस्तजु

न जाने क्या क्या दिल में ले के आया था।

न तुम उस से मिले न मुझ से ही

न जाने कौन हम से भी ज़रूरी आया था?

वो चाँद है उसके भी तो हैं तलबग़ार कई

सुना है ग़रूर अपना घर छोड़ के आया था।

वो बुलंद भी है रोशन भी है

ख़ैर , कल रात तो मेरा हमसाया था।

आज मिला तो बता कर ख़ाक कर दूंगा उसे

तू पिछले पहर मुझ से मिलने आया था।

बे-सुध

दरिया- ऐ -इश्क़ बे-बाक चढ़ता जा रहा है।

ख़ुमार है के हद से बढ़ता जा रहा है।

मुहब्बत में हम दोनों हुए इस कदर बे-सुध.

कोई ख़बर नहीं कहाँ क्या हो रहा है?

कौन किधर जा रहा है?

हाथों में हाथ

तेरे कानों के पीछे से इक बात कहना चाहता हूँ।

मैं तेरे झुमके के साये में रात रहना चाहता हूँ।

आँखों में तेरी अपना अक्स ढूंढ़ना है मुझे

मैं तेरा आईना बन के सर-ऐ-दिवार रहना चाहता हूँ।

तकदीर की लकीरों से नहीं कोई वास्ता मुझे

मैं तेरे हाथों में बन के हाथ रहना चाहता हूँ।

तुम न जान पाओगे कभी

तुम न जान पाओगे कभी

कितने साल हमने किया सिर्फ इंतज़ार

तुम तक पहुँचने को

कितने रास्ते किये इख्तियार

तुम न जान पाओगे कभी

वह रास्ते पे बिखरे

हमने समेटे कितने लम्हा- ऐ- दीदार

खुद ही उजाड़ दिए हमने

ज़िंदगी के महकते गुलज़ार

तुम न जान पाओगे कभी

न जाने कितने हर्फ़ मिटाये

न जाने कितने पन्ने किये बेकार

न जाने कितनी रातों को किया ग़ज़ल

और कितने ही दिनों को किया गुलूकार

तुम न जान पाओगे कभी।

गुलाब

फ़िज़ा के गुलाब से इश्क़ क्यों न हो?

मदहोश बेहिसाब से इश्क़ क्यों न हो?

हर्फ़ हो, तस्सव्वुर हो, महफ़िल भी हो

तो उस ग़ज़ल लाजवाब से इश्क़ क्यों न हो?

हया के इक वार से जिस्मो-जाँ बाँट दे

तो उस क़ातिल बे-नकाब से इश्क़ क्यों न हो?

सुलझाते रह गए न जाने कितने ही दानिश

उस बंद किताब से इश्क़ क्यों न हो?

आबरू

खामोश दिल की जो आरज़ू है

कोई और नहीं वह तू है।

हाल- ऐ- दिल जो छुपाया मैंने

तेरी महमिल में तेरे रु-ब-रु है।

मेरी हस्ती है नाक़ाबिल मंज़िल-ऐ-मुहब्बत के लिए

फिर यह कैसी कश्मकश यह कैसी जुस्तजु है।

तू ही बता कैसे कर दूँ इज़हार-ऐ-मुहब्बत सर-ऐ-आम

ज़हन कहता है के तू भी तो किसी घर की आबरू है।

इख़्तियार

मुहब्बत का इक नया तरीका मैंने इख़्तियार किया

ख़ुद को छोड़ हर किसी से प्यार किया।

खिलौने की तरह टूटा जब तक रहा इस्तेमाल में

फिर भी कभी न मैंने दर्द-ऐ-दिल का इज़हार किया।

ये नहीं के उन्हें भी नहीं कोई शिकवा हम से

जिस जिस ने भी मेरी तबियत को बेज़ार किया।

ज़िन्दगी

ज़िन्दगी बेमज़ा सी लगती है।

सांस लेना भी अब सज़ा सी लगती है।

गुल भी यहीं है गुलसिताँ भी यहीं

तेरी फ़ुरक़त में फ़िज़ा भी खिज़ा सी लगती है।

उठाते हैं हाथ जब भी अर्श के जानिब

हर दुआ हमदर्द की बद-दुआ सी लगती है।

हर ज़ख्म को खुला छोड़ दिया अब मैंने नवदीप

हर टीस अब खुदा की रज़ा सी लगती है।

ग़ज़ल

तेरे शहर से जो हवा आती है

याद तेरी का इक झोंका साथ लाती क्यों है?

मेरी ज़िन्दगी की किताब में ज़िकर-ऐ-मुहब्बत है जहां

वही पन्नों को अक्सर पलट के मुझे दिखाती क्यों है?

मेरे दिल को छूता था जो संगीत तेरी पायल का

सुनाकर वही झंकार मुझे अचानक जगाती क्यों है?

उसके बदन की जो महक मुझे तुमसे आती है

छू कर आयी हूँ मैं उसे कह कर मुझे जलाती क्यों है?

जो मेरा था दिलो- जान से कभी

आज वो चिराग है महफ़िल-ऐ-ग़ैर में रोशन मुझे जताती क्यों
है?